Cómo ser la
esposa casi perfecta

Si está interesado en recibir información
sobre este tema,
envíe su tarjeta de visita a:

Amat Editorial
Comte Borrell, 241
08029 - Barcelona
Tel. 93 410 67 67
Fax 93 410 96 45
e-mail: info.amat@gestion2000.com

J. S. SALT

Cómo ser la
esposa casi perfecta

*Escrito por esposos
que saben de lo que hablan*

Amat
editorial

Quedan rigurosamente prohibidas, sin la autorización escrita de los titulares del «Copyright», bajo las sanciones establecidas por las leyes, la reproducción total o parcial de esta obra por cualquier medio o procedimiento, comprendidos la reprografía y el tratamiento informático, y la distribución de ejemplares de ella mediante alquiler o préstamos públicos.

Edición original en inglés publicada por Shake It! Books, CA
Título original: *How To Be The Almost Perfect Wife*
Autor: J. S. SALT
Traducido por: *Aida Santapau*
Diseño cubierta: *Jordi Xicart*
Ilustraciones: *Albert Xicart*
© 2002, J. S. Salt
© para la edición en lengua castellana:
Editorial Amat, S.L., Barcelona, 2002
ISBN: 84-9735-045-6
Depósito legal: B-29.257-2002
Fotocomposición: Text Gràfic
Impreso por T. Gráficos Vigor, S.A. Sant Feliu de Ll. (Barcelona)
Impreso en España — *Printed in Spain*

A todos los que han contribuido en este libro.

Éstos son mis principios.
Si no te gustan tengo otros.

GROUCHO MARX

Índice

Introducción

¿Que por qué a los maridos no les gusta abrirse y compartir sus sentimientos?

Porque son hombres.

Para hacer este libro, de hecho me pasé dos años suplicando a casi mil hombres. *Habla conmigo, por favor. Dime qué es lo que necesitas de tu esposa.* Lo cual es el motivo de que este libro viera la luz. Para que las esposas puedan saber qué es lo que sus esposos ansían desesperadamente y los esposos, por lo menos, puedan señalar y decir: *Ves, esto es lo que yo necesito. Igual que dice este tipo en la página:____*

Garantizado. El libro que ahora mismo tiene en sus manos servirá de *catalizador para la conversación*, lo que les conducirá a usted y a su esposa a una mejor comprensión... y a un matrimonio mejor.

O regale esta guía y su compañera *Cómo ser el marido casi perfecto, escrito por esposas que saben de lo que hablan*, a una pareja que esté *a punto* de casarse.

Estos libros tan pequeños, pero tan importantes, no hay duda de que mejorarán cualquier unión o matrimonio. Incluso han mejorado mi propio matrimonio. (Y antes de tener los libros ya era muy bueno.)

J.S. Salt

Apoyo

Cree en mí,
cree en mí,
cree en mí.

ALAN, 29 años,
lleva 1 día casado.

Sé mi animadora.
Cree que tengo talento
para alcanzar mis sueños,
incluso si me cuesta
más tiempo del que jamás
había podido imaginarme.

ED, 47 años,
lleva 25 años casado.

Ayúdame a ser un héroe
para mis hijos.
Habla bien de mí y cuéntales
las cosas buenas que hago.
No hables únicamente
de mis defectos.

NORMAN, 67 años,
Divorciado después de 22 años
de matrimonio.

Igual que yo les digo
a nuestros hijos:
«Os quiero y estoy orgulloso
de vosotros»,
yo necesito que tú
me digas lo mismo.
Que me amas
y estás orgullosa de mí
como esposo y como padre.

ALEX, 37 años,
lleva 12 años casado.

Cuando me dices
que estás orgullosa de mí
me animo mucho,
especialmente cuando
me estoy vapuleando
a mí mismo y estoy furioso
conmigo mismo
por no ser Bill Gates.

JOEL, 47 años,
lleva 5 años casado.

Un marido necesita
constantes palabras
de admiración y respeto.
Puede conseguir algunas
en el trabajo
y de otras personas,
pero las que más ansía
son las de su esposa.

DAVE, 39 años,
lleva 1 día casado.

Respeta a tu marido.
A pesar de todos sus defectos
(que tú conoces mejor
que nadie),
dile con frecuencia
que tú crees que él
es sensacional
y que le admiras.

DAVID, 49 años,
lleva 26 años casado.

*Haz exactamente lo mismo
que hace mi mujer.*
Se ha pasado 50 años
aguantando mi comportamiento
extravagante y caprichoso
y comportándose como
si le gustara.
No siempre está
de acuerdo conmigo
o le importan algunas
de las cosas que hago,
pero deja bien claro
que *siempre* me ama.
Y esto es bastante bueno.

PATRICK, 71 años,
lleva 50 años casado.

Sé mi abogada,
ponte de mi parte.
Si crees
que estoy equivocado,
intenta guiarme
hacia donde tú crees
que debería estar,
pero no me vapulees
y me arrastres hasta allí.

CHARLIE, 28 años,
lleva 11 años casado.

Permite que tu marido
tome la mejor decisión
o haga la mejor elección
y luego apártate
de la situación.
La repetición constante
se percibe como
«insistencia inoportuna».

RHONNIE, 46 años,
lleva 12 años casado.

Sigue avisándome
cuando te fastidio,
pero hazlo tranquilamente,
desapasionadamente,
con amor y cuando
estemos los dos solos.

BILL, 69 años,
casado en segundas nupcias
desde hace 23 años.

Tienes que saber
cuándo puedes apretar
y cuándo tienes que aflojar.

ANDY, 37 años,
lleva 3 años casado.

Cuando me critico
a mí mismo
no es el momento,
de echarme
la caballería encima.

Rick, 55 años,
lleva 20 años casado.

Cuando esté contando
una historia no me interrumpas
corrigiendo cada uno
de los pequeños detalles.
Los hechos no son
lo importante. Lo importante
es apoyarme
y hacerme quedar bien
y no como un bobo
que no sabe lo que dice.

Mike, 48 años,
lleva casado en segundas nupcias
desde hace 6 años.

Escucha mis historias
incluso si te resultan aburridas.
A mí no me aburren,
así que debo contarlas
por algún motivo.

MICHAEL, 27 años,
lleva 5 años casado.

Escucha atentamente los sueños
y aspiraciones de tu marido.
Incluso si crees
que son inalcanzables,
síguele la corriente.
Apóyale. Puede que incluso
consigas ilusionarte con él.
Tu marido te amará y te apreciará
porque le has animado
en lugar de desalentarle.
Cuando se llega a las fases finales
de la vida, un esposo
quiere mirar a su esposa y decir:
«Cielo, *estuviste a mi lado*»,
y no: «Si tú...».

ROLLAND, 64 años,
lleva 42 años casado.

Quisiera que comprendieras
que los sueños
son el plano de la realidad.
Alienta los sueños
de tu pareja y dale el apoyo
que necesita para convertirse
en la persona que quiere ser.

EDDY, 51 años,
casado en segundas nupcias
desde hace 26 años.

Sé igual que un amigo
que está ahí
para prestar apoyo,
pero al que sigo
importándole lo suficiente
para enfrentarse a mí
cuando hago tonterías.

Terry, 53 años,
casado en segundas nupcias
desde hace 23 años.

No nos gusta preguntar
el camino cuando
estamos perdidos.
No nos gusta preguntar
el camino cuando
nos «perdemos» en la vida.
Cuando veas
que estoy perdido,
encuentra la manera
de guiarme hacia
el buen camino,
pero con suavidad.

KEVIN, 39 años,
lleva 12 años casado.

Tened paciencia
con nosotros:
Somos hombres.

Haced que
nos sintamos especiales:
Somos chicos.

Toby, 33 años.

Los hombres no son más
que chicos
que necesitan atención
y seguridad
la mayor parte del tiempo.
Necesitan
que os sentéis en sus regazos,
que les beséis
sin motivo alguno
y que les aseguréis
que les amáis.

Jim, 80 años,
estuvo casado 23 años la primera vez
y 30 años la segunda. Ahora es viudo.

Aceptación

Acepta a tu marido
tal como es,
en lugar
de querer cambiarle
un poco por aquí
y otro por allí.

CHARLES, 38 años.

Cuando dices:
«El marido de Jane siempre
la ayuda con la compra
¿por qué no puedes
hacerlo tú también?»
hace que me entren
ganas de decirte:
«¿Por qué no te casaste
con el marido de Jane?»

ALLEN, 43 años,
lleva 2 años casado.

Acepta de una vez
que cuando voy a trabajar
no me «escapo»
porque *necesito* trabajar.
Además cuando me siento mejor
respecto a mi trabajo,
me siento mejor respecto
a todo lo demás.

Eric

Es un hecho:
Todos los maridos
necesitan pasar,
por lo menos,
2 horas a la semana
en el sofá
enfrente del televisor
sin tener que responder
a ninguna pregunta.
Sólo vegetar.

RAY, 39 años,
lleva 7 años casado.

Respeta el poder
de la noche semanal de fútbol.

ALAN, 29 años,
lleva 1 día casado.

Respeta mi derecho
a quedarme sentado
con una cerveza en la mano
y disfrutar en paz del partido.
La basura puede esperar,
las preguntas pueden esperar
y lo mismo pasa
con casi todo lo demás.

TOM, 45 años
lleva 3 años casado.

Dejad de intentar
controlarnos y cambiarnos tanto.
No somos «diamantes en bruto»
sino hombres.
Los mismos hombres
de los que os enamorasteis
y con los que os casasteis.

BILL, 47 años,
casado en segundas nupcias
desde hace 6 meses.

Gracias por dejarme
ser yo mismo
y no intentar cambiarme
para que me convierta
en un «ideal» que tú querías
más que nada.
Igual que yo
no he intentando cambiarte,
sino aceptarte por lo que eres
y por quien eres.

ALAN, 74 años,
lleva 55 años casado.

De vez en cuando,
déjame que disfrute de un cigarro.
Aún lo disfrutaría más
si no tuviera que soportar
tu disimulada desaprobación.

Izzy, 42 años,
lleva 12 años casado con una «mujer que le
aprueba el 88% de las veces».

Un buen cigarro es un consuelo
tan grande para un hombre
como una buena llorera
lo es para una mujer.

E.G. Bulwer-Lytton

Confía en mi buen juicio
sin cuestionarlo todo,
especialmente las cosas
sin importancia.

JOHN, 27 años,
lleva 7 años casado.

Limita tus críticas a cosas que tengan verdadera importancia.
(Y cuando te impacientes con tu marido no rechines los dientes, sino recuerda el amor que sientes por él y siéntelo de verdad.)

BEN, 81 años.

«Felizmente casado desde hace 55 años, a pesar de algunos altibajos.»

Trata a tu marido
con el mismo respeto
con que tratas a tu padre
y a tu madre.

Bill, 57 años,

casado en segundas nupcias,
desde hace 16 años.

Trata a los hijos que he tenido
en anteriores matrimonios
como si fueran tuyos.

Paul, 38 años,

casado en segundas nupcias,
desde hace «6 años e indeciso».

Deja de criticar a mi madre.
Ya sé que no es perfecta
y tengo mis propios
problemas con ella.
Pero no necesito
que me proporciones
una presión adicional.

ALFRED, 68 años,
casado en terceras nupcias
desde hace 13 años.

Acepta a mis padres
tal como yo acepto a los tuyos.
Cuando estén cerca,
necesito que seas cordial
y amistosa, sino por ellos,
por el hombre al que amas.

RON, 40 años
lleva 6 años casado.

Sé tolerante
con los parientes políticos.

GENE, 76 años,
lleva 56 años casado.

Si te enfadas conmigo
no espero que se te pase
al instante.
Sólo me gustaría
que tuvieras presente
que no todo
se merece la *pena capital*.
Así que intenta
mostrar algo de misericordia
y perdóname cuando puedas.

ROBERT, 41 años,
casado en segundas nupcias
desde hace 1 año.

Ten siempre paciencia
cuando a mí se me acabe
la mía.

Allen, 33 años,
lleva 1 año casado.

Acepta mis debilidades,
pero ayúdame a mejorar.

Derek, 45 años,
se ha divorciado dos veces
y está a punto de volverse a casar.

Sé lo difícil que puede ser
a veces (muchas veces).
Pero, por favor,
intenta comprender
que estoy *intentando*
hacerlo bien,
por muy mal que puede
que me comporte en ocasiones.

LEN

No te regocijes todo el tiempo
en mis equivocaciones.
Recuerda lo bueno
igual que lo malo.

MATT, 28 años,
lleva 6 años casado.

```
* * * * * * * * * * * * * * * * * * * * * * * *
*                                             *
*         Todos los hombres                   *
*         cometen errores,                    *
*      pero los hombres casados               *
*         se enteran antes.                   *
*                                             *
*           RED SKELTON                        *
*                                             *
* * * * * * * * * * * * * * * * * * * * * * * *
```

A medida que vosotros dos trabajéis
para edificar vuestro matrimonio,
tu esposo cometerá errores.
Doblará un montón de clavos,
instalará mal el ventilador
del cuarto de baño,
levantará una pared
en el lugar equivocado
e incluso puede que construya toda
una habitación que tu no querías.
Cuando acabe, celebradlo.
No te concentres
en todas sus equivocaciones.
*Ten bien presente
el cuadro de conjunto.*

DAN, 54 años,
divorciado después de 24 años
de matrimonio.

Deja que tu marido
haga todas las reparaciones
y cambios que quiera.
Y no le desprecies
si no es perfecto.
Admira lo que haya hecho.

HOWIE, 78 años,
casado en terceras nupcias
desde hace 11 años.

La cosa que más hubiera querido
de mis dos esposas
es que me hubieran apreciado.
Si me hubieran demostrado
que estaban contentas
de que fuera su marido...

JIM, 80 años,
estuvo casado 23 y 30 años respectivamente,
ahora es viudo.

Comunicación

Dos palabras de consejo
para conseguir un matrimonio
de larga duración:

«Sí querido/a».
¡ Y eso vale para los dos!

JOHN, 71 años,
lleva 48 años casado.

Debes estar dispuesta
a admitir tus equivocaciones
y decir «Lo lamento»
cuando sea apropiado.
No *siempre* es culpa del
hombre.

MIKE, 44 años,
divorciado después de 3 años
de matrimonio.

Cuando te equivoques, admítelo y yo intentaré hacer lo mismo.

RUDY, 47 años,
casado en segundas nupcias
desde hace 5 años.

* *

Siempre que te equivoques, admítelo;
Siempre que tengas razón, cállate.

OGDEN NASHO

* *

Cuando estés disgustada por algo,
dímelo.
No permitas que se convierta
en una mina
que explote más tarde.

NORMAN, 32 años,
lleva 5 años casado.

Si te pregunto qué te pasa,
dímelo.
No me digas que «Nada»
y luego esperes que yo adivine
lo que te sucede.

KEVIN, 42 años,
lleva 19 años casado.

Presta oídos
a cómo se siente tu esposo,
incluso si tienes que sacárselo
con dificultad.
Dejar que las emociones
se queden encerradas
en el interior de una persona
puede hacer
que con el tiempo,
lleguen a ser un desastre.

ALBERTO, 34 años,
divorciado.

Me encanta cuando escuchas
para demostrar
que me comprendes
y también me encanta
cuando me desafías
con una perspectiva
diferente.

JEFF, 43 años,
lleva 17 años casado.

Por favor, no asumas
que todo lo que digo
lo he pensado cuidadosamente
antes de decirlo.
Así que no me «cuelgues»
porque elija una palabra
equivocada o diga algo
de un modo que haga
que se te ericen *las plumas.*

ALLEN, 43 años,
lleva 2 años casado.

Deja de intentar acabar todas mis frases.
Recuerda: Soy un hombre con el ego de un chiquillo y tengo que, es preciso, decir la última palabra.

Jay, 62 años,
lleva 30 años casado.

Cuando hago una sugerencia
y la rechazas, es una cosa.
Pero cuando otra persona
dice lo mismo y tu contestas,
«¡Qué gran idea!»
hace que sienta como si tú
no hicieras caso
ni de mis ideas *¡ni de mí!*

STEWART, 37 años,
lleva 7 años casado.

Intenta enterarte
de la diferencia
que hay entre
Oír y Comprender.
En ocasiones sé
que me «oyes»,
pero me pregunto
si me «comprendes».

Dan, 75 años,
lleva 53 años casado.

Primero,
intenta comprender.
Luego,
intenta que te comprendan.

CHARLES, 34 años,
lleva 6 años casado.

```
* * * * * * * * * * * * * * * * * * * * * * * *
*                                             *
*      El primer deber del amor               *
*           es escuchar.                      *
*                                             *
*      PAUL TILLICH                           *
* * * * * * * * * * * * * * * * * * * * * * * *
```

Cuando todo lo que recibo de ti
son quejas y feedback negativo,
siento que debo ser el peor esposo
del mundo. Invierte algún tiempo
en hablarme de lo *bueno* que ves.
Háblame de cómo me va
con los chicos, de cómo te hago
feliz (si es que lo hago),
de cómo te facilito la vida
(si es que lo hago)
y de lo que tú opinas
que hay de *bueno* en mí.
Lo fundamental: No te limites
a decirme lo que hago mal,
sino que dime también
lo que hago *bien*.

JERRY, 53 años,
casado en segundas nupcias,
desde hace 5 años.

Presta atención a tu hombre.
Hazle cumplidos y no seas
demasiado crítica o le regañes.
Lo más probable es que él
ya conozca sus defectos.

G ERARDO, 29 años,
hace 1 año y medio que está divorciado.

La expresión «ya te lo dije»
—ya sea expresada verbalmente
o con lenguaje corporal—
jamás es productiva
a la hora de complacer
a tu pareja.

DICK, 64 años,
lleva 43 años casado.

No tengáis miedo
de tener discusiones
delante de vuestros hijos.
De ese modo, ellos verán
que los conflictos y las diferencias
de opinión pueden solucionarse
utilizando buenos modales
y respetándose los unos a los otros.
Entonces vuestros hijos dirán:
«De acuerdo. Podemos tener
discusiones,
pero i vimos cómo mamá y papá
lo solucionaban
de la manera adecuada!»

Nic, 51 años,
casado en segundas nupcias,
desde hace 24 años.

Recuerda que muchas cosas
de las que hablamos
son confidenciales
y no deben repetirse
a otras personas.

DICK, 64 años,
lleva 45 años casado.

No les digas a mis amigos
cosas malas de mí.

LEE, 61 años,
divorciado.

Por favor, no hablemos
de facturas o de finanzas
justo antes de irnos a dormir
porque entonces
yo *no puedo* dormirme.

JOEL, 47 años,
lleva 5 años casado.

Empieza una conversación sólo
si estoy en la habitación contigo.

CHARLES, 34 años
lleva 6 años casado.

Por favor, escucha y recuerda
para que no tenga que estar
repitiendo.
Hace que yo piense
que ya no me escuchas
y, por favor, deja de decir:
«Eso no sucedió jamás.»

JOHN, 72 años,
casado en segundas nupcias
desde hace 20 años.

Ten la paciencia necesaria
para aprender a comunicarte
de verdad.
(Al ser una persona
con una profunda deficiencia
de audición, necesito *toneladas*
de paciencia.)
Ser capaz de comunicarte
con el corazón y la mente
es la *llave* para abrir
casi cualquier puerta.

JAMES, 45 años,
lleva 13 años casado.

Diferencias

No sé quién dijo:
«Jamás os acostéis enfadados
el uno con el otro»,
pero sospecho que esa persona
no estaba casada.
Recuerda, por favor,
que si de vez en cuando
nos vamos a la cama enfadados
eso no significa
que vayamos a divorciarnos.

ROBERT, 43 años,
lleva 7 años casado.

```
* * * * * * * * * * * * * * * * * * * * * * * *
*                                             *
*           Tienes que pelear.                *
*            Si no lo haces,                  *
*            es que no tienes                 *
*         una relación saludable.             *
*        Así que, como la mayoría             *
*          de parejas, tenemos                *
*       unas cuantas discusiones              *
*      para limpiar la atmósfera.             *
*                                             *
*              LIAM NEESON                     *
*                                             *
* * * * * * * * * * * * * * * * * * * * * * * *
```

Si quiero irme a la cama
después de ti,
no significa que no te quiera.
Significa que quiero acostarme
después de ti.

NEAL, 47 años,
lleva 12 años casado.

Ojalá no insistieras
en que hagamos
precisamente lo que tú
quieres en el momento
en que tú quieres hacerlo.
Por lo menos, averigua
si es un buen momento
para mí.

ROLAND, 41 años,
lleva 5 años casado.

Entiende que tu marco temporal
y el de tu marido
puede que no sean los mismos.
Sólo porque *tú* digas
que es hora de hacer algo,
no esperes que tu marido salte
y se ponga a hacerlo.

TOBY, 33 años.

Tienes que estar dispuesta
a llegar a un compromiso
y luego a unir fuerzas.
El matrimonio
es como una barca de remos.
Si ambos componentes
del matrimonio
reman juntos,
no hay duda
de que harán progresos.

BRADLEY, 54 años,
lleva 26 años casado.

Acepta que hay cosas
que me gusta hacer
y que son «cosas típicas
de hombre».
Cuando veas que hago
estas cosas
—y que disfruto con ellas—
no me mires como si fuera
un Neandertal
con mentalidad retrógrada.

SCOTT, 44 años,
lleva 15 años casado.

Cuando salgo a hacer deporte
o para estar con los amigos
no me llevo nada,
sino que tú me estás dando a *mí*
algo que necesito.
¿Las mujeres quieren flores?
Los hombres
quieren pasar tiempo
con otros hombres
sin tener que justificarse
por estar unas cuantas horas,
lejos de las mujeres.

ERIC, 28 años,
lleva 6 años casado.

Anímale para que tenga
intereses fuera de la relación.
Dos mitades
no hacen un entero.
Sólo dos enteros hacen
un entero.

LARRY, 46 años,
casado en segundas nupcias
desde hace 18 años.

Para tener una relación
de larga duración
es esencial
tener vidas sociales
independientes.
A mí lo que se me ocurre
es una noche de fútbol
a la semana con los amigos.

STEPHEN, 30 años,
lleva 8 años casado.

Dame más espacio
sin obsesionarte
por cuál es el motivo
de que prefiera estar solo
que contigo,
en un momento concreto.

MITCHELL, 50 años,
lleva 6 años casado.

Cuando pido espacio,
no significa que no te quiera
o que te esté abandonando.
Sólo necesito tiempo
para reagruparme.

GARY, 41 años,
lleva 12 años casado.

El silencio puede ser una buena cosa.
Sólo porque no esté hablando
o «compartiendo» todo el tiempo,
no significa
que haya problema alguno.

DON, 51 años,
lleva 30 años casado.

Si tengo un problema,
déjame que me aparte
y esté un tiempo
enfurruñado.
Ésa es mi manera
de enfrentarme a ello.

COLIN

Una habitación
para uno solo
—aunque sólo sea durante
unas pocas horas al día—
es la más importante
de la casa.
Una esposa inteligente
sabe que si su esposo
tiene ganas de leer
o de ver la televisión
y ella quiere ir al cine
¡separarse es sublime!

Leo, 67 años,
lleva 48 años casado.

Cuando necesites estar sola
no esperes a que te lea
la mente.
*Pide espacio para ti sola
y lo tendrás.*
Después de todo,
si hay una cosa
que los hombres
comprenden
es la necesidad de espacio.

DENNIS, 48 años,
lleva 16 años casado.

Si menciono
a una antigua novia
intenta no ponerte celosa.
Me casé contigo, no con ella.

ROBERT, 43 años,
lleva 7 años casado.

No me cuentes historias
de tus antiguos amores.
Sé que te casaste conmigo,
pero sigue poniéndome celoso.

MITCHELL, 50 años,
lleva 6 años casado.

Jamás regales a beneficencia
cosas viejas suyas
—que sabes que son sus favoritas—
sin su permiso.
Una esposa que olvidó
esta regla,
donó un viejo par de botas
a una escuela que organizaba
una venta por liquidación.
Descubrió (demasiado tarde)
que las botas contenían
varios miles de dólares
en «dinero para ir por ahí».

JOHN, 55 años,
lleva 20 años casado en segundas nupcias.

Deja de pedirme
que tire mis tejanos rotos,
descoloridos,
y «que tienen el mismo
aspecto que si los hubieras
estado llevando durante cien
años seguidos».
Lo que tú odias de ellos es,
exactamente,
lo que yo adoro de ellos.

ANDY, 45 años,
lleva 11 años casado.

Decide rápidamente qué
quieres pedir de un menú.
Cuando tú no terminas jamás
de decidirte,
la mayoría de hombres
se vuelven locos en silencio.

JOHN, 55 años,
casado en segundas nupcias
desde hace 20 años.

Sexo y aventura

Adoro que me toques
cuando menos lo espero
y que pases tu mano
por mi cuello
y susurres dulces tonterías
en mi oído.

STEVE, 58 años,
lleva 15 años casado.

Me encanta
cuando me seduces
—cuando eres sexy
y me dices guarradas—
y cuando me dejas
las marcas de tus uñas
en la espalda.

ROLAND, 41 años,
lleva 5 años casado.

Vístete sexy para mí.
Y no sólo
antes de irnos a la cama.

MITCHELL, 47 años,
lleva 12 años casado.

Ponte,
más de una vez al año,
ese camisón de encaje
que te compré.

KIRK, 37 años,
lleva 12 años casado.

Pregúntame:
«¿Cuáles son tus fantasías
sexuales y cómo puedo
llevarte allí?»

MICHAEL, 49 años,
lleva 12 años casado.

* *

Los esposos
son como una hoguera.
Si no la atiendes se apaga.

ZSA ZSA GABOR

* *

Necesito que, a veces,
–tanto en la vida diaria
como en la cama–
tomes el mando.
A veces quiero que seas tú
la que se cuide de la navegación
para que yo pueda limitarme
a disfrutar del viaje.

FRED, 53 años,
lleva 19 años casado.

Salta sobre mí inesperadamente.

Laurence, 33 años,
lleva 4 años casado.

Reservemos tiempo
—y energía—
para disfrutar
de gran cantidad de sexo
divertido, creativo, excitante
y lleno de energía.

Mason, 43 años,
casado en segundas nupcias
desde hace 12 años.

Sería bonito tener
un retiro romántico contigo
en el que pudiéramos
recuperar algo
del arrobamiento inicial
que compartimos.
Es una vida demasiado árida;
debemos recuperar
el romance.

JAY, 62 años,
lleva 30 años casado.

Sé más espontánea.
Si digo:
vamos a tener una aventura,
no te preocupes por arreglarte
el pelo o hacer reservas.
No hay nada
que ahogue más
mi espontaneidad.

NORMAN, 74 años,
lleva 48 años casado.

Después de tu fiesta perfecta, ríete y déjame que te revuelva el cabello.

DUKE, 63 años,
lleva 42 años casado.

Adoro tu cocina de fantasía,
pero nos impide
que hagamos el amor
con más frecuencia.

JAMES, 56 años,
lleva 38 años casado.

Cada noche hazme saber
si quieres:
a) que te mime y arrulle,
b) que practiquemos un sexo
apasionado,
c) que te deje tranquila
de una puñetera vez.

JEFF, 36 años,
lleva 5 años casado.

Después de que hayamos tenido
sexo, intenta no decir:
«¿Por qué no hacemos esto
con más frecuencia?».
Tiende a hacer desaparecer
una gran sensación y hace que,
de algún modo,
me sienta inadecuado.

LARRY, 36 años,
lleva 5 años casado.

¡La pasión lo es todo!
Necesito que seas apasionada
y que me desees físicamente
como yo te deseo.

DEREK, 45 años,
divorciado dos veces,
está a punto de volverse a casar.

La amistad.
La amistad hace
que una pareja supere
muchos más tiempos difíciles
que la pasión.

THOMAS, 55 años,
lleva 29 años casado.

Día a día

Intenta no colocar
mis necesidades en último lugar
todo el tiempo:
los chicos, los perros, tus padres.
Me siento como si te tuviera
(y también tu atención)
únicamente cuando *todos*
y todo lo demás
ya han sido atendidos.

GORDON, 39 años,
lleva 12 años casado.

Cuando des vitaminas
a los niños, acuérdate
de darme una a mí también.

Dᴀᴠɪᴅ, 38 años,
lleva 16 años casado.

Cuando vayas a la tienda
pregúntame:
«¿Hay algo especial
que pueda traerte?».

Bʟᴀɪʀ, 53 años,
casado en segundas nupcias
desde hace 7 años.

1. Piensa en mis necesidades antes que en las tuyas.

2. Entérate de que una comida cocinada en casa es un acto de amor.

3. Haz ambas cosas y yo haré lo mismo por ti.

Cary, 44 años,
lleva 11 años casado.

En lugar de decir:
«El hombre hace esto
y la mujer hace eso»,
veamos cuál de los dos
hace algo mejor
o le gusta más hacerlo
y dejemos que eso determine
la manera en que dividamos
nuestras responsabilidades.

BILL, 65 años,
lleva 43 años casado.

De vez en cuando, sorpréndeme
sacando la basura.
Yo lo he estado haciendo
desde que era niño.

ETHAN, 32 años,
lleva 3 años casado.

Turnaos para repasar las facturas.
De ese modo ambos sabréis
lo que os está costando,
de verdad, vuestra vida.

JOHN, 55 años,
casado en segundas nupcias
desde hace más de 20 años.

No ofrezcas los esfuerzos
de tu marido
sin haberlo consultado
antes con él.
Después de todo,
lo que estás ofreciendo
es su tiempo y su esfuerzo.

DAVID, 37 años,
lleva 5 años casado.

No nos comprometais
con montones de actividades
sociales y cosas
que «tenemos que hacer».
Lo primero
que «tenemos que hacer»
es concentrarnos en nosotros.

JOEL, 47 años,
lleva 5 años casado.

Ponte guapa para mí y para ti misma.

GERARDO, 29 años,
divorciado después de 1 año y medio
de matrimonio.

En los días (años)
en que él no parezca una ganga
tan grande, acuérdate
de cuando era nuevo
de trinca y todavía tenía pelo.
Luego, acuérdate de cuando
acostumbrabas a reírte
con sus chistes malos
y besar su panza.
Por último, dite a ti misma,
tantas veces como sea necesario
hasta que te entre:
«Yo tampoco soy perfecta.
Yo tampoco soy perfecta.
Yo tampoco soy perfecta».

FRAN, 48 años,
lleva 16 años casado.

Deberíamos atesorar
cada momento
que estamos juntos.
No permitas que la «vida»
se entrometa.
Nuestra relación
es un don especial
que no se merece otra cosa
que no sea
la Prioridad Especial.

Stan, 45 años,
lleva 7 años casado.

a. Preocúpate menos.

b: Sé más crédula.

MITCHELL, 50 años,
lleva 6 años casado.

Sigue tomando
innumerables decisiones sin mí,
que hagan que nuestras vidas
y las de nuestros hijos
sean mejores.

JEFF, 43 años,
lleva 17 años casado.

Sigue ayudando a nuestros hijos
a aprender por medio del amor
y el aliento.

RON, 44 años.

Sigue conectada
con tus amigos
y con tus objetivos
en la vida
para que sigas siendo vital
y nueva.

TERRY, 53 años,
casado en segundas nupcias,
desde hace 23 años.

Jamás permitas que te dé por sentada.

ALLEN, 33 años,
lleva 1 año casado

No dudes jamás de que te quiero con todo mi corazón.

RON, 52 años,
lleva 30 años casado.

No cambies nada,
sigue siendo tan perfecta
como eres.
Ojalá yo pudiera
ser tan perfecto como tú.

STEVE, 63 años,
lleva 41 años casado.

Mis solicitudes

(Notas para mi esposa)

Mis solicitudes

(Notas para mi esposa)